CE • UNO • ONE

Poemas para el Nuevo Sol
Poems for the New Sun

Francisco X. Alarcón

[handwritten inscription across page:]
To Patricio
In tonatiuh In tlanextli
May your Sun Shine forever
Best wishes —
Francisco X. Alarcón
May 6, 2011

Number One in the Poetas • Puentes Series

Swan Scythe Press 2010

"Ce" in Nahuatl (the language of the Aztecs)
corresponds to "Uno" (Spanish) and "One" (English)

Swan Scythe Press
515 P Street, #804
Sacramento CA 95814

Editor: James DenBoer

Poetas • Puentes Series Editor: Francisco X. Alarcón

Typography, Production & Cover Design: Tim Kahl

Cover Art: Tino Rodríguez

The Poetas • Puentes Series, edited by Francisco X. Alarcón,
is a series of chapbooks in Spanish (or indigenous languages
of Mexico, South and Central America) with English transla-
tions. Our mission is to help emerging poets (of any age) by
publishing work that will help them begin or expand their
careers — as poets, writers, teachers. We see poets and poems
as bridges across the divides of culture and language, or any of
the other canyons that separate us.

COVER ART: "The Radiance of Dreams"
pastel on paper, 18"x 12," copyright 2010;
reproduced by courtesy of the artist,
all rights reserved to Tino Rodríguez.

back cover photo by Francisco Dominguez

Acknowledgments:

The poem in Nahuatl that appears on page 41 is attributed to king-poet Nezahualcoyotl (1402-1472), and was taken from *Poesía náhuatl III*, edited by Ángel Ma. Garibay K. (Mexico City: UNAM, 1993), page 4. The Spanish and English versions are by the author.

The following poems were first published in the journals and anthologies listed here:

"Unisonancia /Unison" in *Pilgrimage* (Volume 35, Issue1)

"Ars Poetica," "Poema Vida/Life Poem" in *The Homestead Review* (Number 27)

"Silencio/Silence," in *Tule Review* (Summer 2010)

"Uno/One" and "Mexico City Blues" in *Lunada: An Anthology Celebrating Sixty Full Moons of Spoken-Word Poetry at Galeria de la Raza* (La Galería de la Raza, San Francisco, CA, 2010)

a la memoria de mi abuela
Elvirita Briseño de Alarcón
quien me enseñó a amar nuestra cultura indígena ancestral

to the memory of my grandmother
Elvirita Briseño de Alarcón
who taught me to love our ancestral indigenous culture

Ce • Uno • One

Table of Contents

UN ALMA, UN MUNDO

fill mapuqui ñi pulli qui aumqued
ka inchiñ ka tefa pullguei
elfilalai ñi lalay
inchiñ talli pulli

ka lepuy pepirguei tati
pue citraquelei mi pue rume
quiñe pulli que siemguei inchiñ
feu meu quiñe mapu qué siemguei

toda la Tierra
es una sola Alma
y todos somos parte de ella–
no podrán morir nuestras almas

cambiar sí pueden
pero no apagarse;
una sola Alma somos
como hay un solo Mundo

*poema
recitado en
mapuche y español
por María Sofía Antriau
bisnieta del cacique mapuche
Ignacio Antriau en Lago Correntoso
Villa La Angostura, Patagonia Argentina
junto a sus canoas y casa el 26 abril de 2009*

ONE SOUL, ONE WORLD

the whole Earth
is just one Soul
we all are part of her—
our souls cannot really die

yes, they can somehow change
but never can they be extinguished;
we are all just one Soul
like there is only one World

poem
recited in both
Mapuche and Spanish
by Señora María Sofía Antriau
great-granddaughter of the Mapuche
Chief Ignacio Antriau in Lago Correntoso
Villa La Angostura, Andean Patagonia, Argentina
next to her canoes for rent and home on April 26, 2009

I. Somos Uno • We Are One

UNO

oh	un extraño	alrededor	no sólo yo
he estado	a mi mismo	ahora soy	no sólo tú
perdido	dondequiera	por fin uno	no sólo nosotros
entre	que quiero	yo soy	no sólo él
tanto	reencontrarme	tú eres	no sólo ella
ruido	yo mismo	nosotros somos	no sólo ellos
por	en valles	él es	pero todos
tanto	entre gente	ella es	con los pueblos
tiempo	y el mar	ellos son	todos juntos
sintiéndome	muy adentro	no sólo	todo el tiempo
un errante	y a la vez	alguien más	siempre
vagabundo	con todo	todo solo	como uno

ONE

oh
I've been
lost

amidst
so much
noise

for such
a long
time

feeling
myself
a road drifter

a stranger
to myself
everywhere

that I want
to find myself
again

in valleys
among people
and the sea

deep inside
and at once
with all

around
I am now
finally one

I am
you are
we are

he is
she is
they are

not just
someone
all alone

not just me
not just you
not just us

not just him
not just her
not just them

but all of us
all the peoples
all together

all the time
forever
as one

ORACIÓN DE LA SERPIENTE

soy
una gota
de rocío

soy
un rayo
de sol

soy
el viento
el aliento

girando
en este río
de tiempo

acariciando
la cara azul
del oceáno

de ancestros
la Serpiente
Emplumada

hacia
el mar
de sueños

levantando
estas nubes
de esperanza

volando
sin miedo
por el cielo

PRAYER OF THE SERPENT

I am	I am	I am
a drop	the sunbeam	the wind
of dew	caressing	the breath
spinning	the blue	of ancestors
in this river	face of the	Feathered
of time	the ocean	Serpent
toward	arising	flying
the sea	these clouds	fearlessly
of dreams	of hope	across the sky

XOCHIPILLI

Santa Cruz, California

el Señor	the Lord
de las Flores	of Flowers
vino a	came to
nuestra fiesta	our party
gozó	enjoyed
a plenitud	himself
coqueteó	flirted
bailó	danced
leyó unos	read a few
de sus poemas	of his poems
se fue	took off
dejando atrás	leaving behind
unos oscuros	some dark
lentes para el sol	sunglasses
y flores	and flowers
floreciendo	blooming
¡en cada	in every
corazón!	heart!

SACRALIDAD	SACREDNESS
tamales	*tamales*
elotes	*elotes*
atole	*atole*
comida	sacred food
sagrada	we share within
compartida	our family
nuestra cocina –	our kitchen –
el templo de	our oldest
más antigüedad	temple

UNISONANCIA

todo
lo que ha sido

y será
está ahora aquí

las cuatro direcciones
nuestras extremidades

nuestra casa
el universo

en nuestro pecho
el Sol

ninguna separación
entre

espíritu y cuerpo
entre tú y yo

UNISON

everything
that has been

and will be
is here and now

the four directions
our four body limbs

our house
the universe

inside our chest
the Sun

no separation
between

spirit and body
you and me

PAPEL

para ti
soy una hoja
de papel

puedes
escribir
sobre mí

borrar
tachar
toda línea

arrancarme
tirarme
al suelo

quemarme
en tus manos
como ofrenda

para deletrear
tus sueños
en el aire

PAPER

for you
I am a sheet
of paper

you can
write all
over me

erase
scratch
any line

rip me
toss me
to the floor

burn me
in your hands
as an offering

to spell out
your dreams
up in the air

NADA	NOTHING
solo	alone
nada	I have
tengo	nothing
y	and
todo	I desire
deseo–	everything–
contigo	with you
todo	I have
tengo	everything
y	and
nada	I desire
deseo	nothing

SILENCIO

amor–
no digas
nada más

todo
ya está
dicho

entre
nosotros dos
y el viento–

solo
me pongo
a llorar

no sé
si de tristeza
o alegría

SILENCE

love–
say nothing
more

everything
is already
said

between
the two of us
and the wind–

alone
I just start
crying

I don't know
if out of sadness
or joy

AZUL	BLUE
digo azul y miento	I say blue and I lie
pues quise decir cielo	I wanted to say sky
que no es siempre azul–	that is not always blue–
a veces el cielo	at times the sky
se corta las venas	cuts open its veins
para rojo sangrar	so that it bleeds red

OTRO	OTHER
miro	I look out
y no veo	but don't see
toco	I touch
y no siento	but don't feel
hablo	I speak
y no oigo–	but don't hear–
no soy	I can't be this one
sino otro	but someone
muy lejos	else very far
de aquí	from here

ESTE POEMA

a los Poetas Respondiendo a SB 1070

este poema
está si nombrar
sin enlistar

andando está
antes de salir
el sol

esperando
el siguiente autobús
o camión de labor

este poema
no tiene pagina
sino calor carnal

sus líneas poéticas
son las arrugas
sobre su piel

besos al anochecer
besos al amanecer
lo hacen rimar

este poema
tiene la cadencia
que da el abrazar

amorosos senos
brazos y muslos
para noches sin dormir

este poema
es tan quieto como
la noche del desierto

las estrellas del cielo
marcan en sus versos
la puntuación

las ramas de árboles
este poema lo pueden
de memoria recitar

este poema
tiene los mismos
sueños que tú

las mismas
pesadillas
metas y temor

tiemblan
ante los noticieros
de su persecusión

este poema
nada podrá tener
pero cara sí

es un brillante joven
atrapado en la oscura
tierra de nadie

este poema
al final del autobús
se pone a llorar

al ir del viejo barrio
del centro urbano
a los suburbios

lágrimas de niños
borran las líneas
de este poema

este poema
es una madre
un padre

un vecino
un ser humano
de carne y hueso

caminando para ir
a comprar comida
pañales de desechar

este poema está
más allá de una
antología de poesía

"tenemos corazón
alma y familia
igual que tú"

cantando con fe
el canto de esta Tierra
de la Oportunidad

sin alma, sin sueños
que un Acta de Sueños
podría desvanecer

este poema es
el poema de esta Tierra
aún por escribir

THIS POEM

to Poets Responding to SB 1070

this poem
is nameless
unlisted

already up
before the Sun
comes out

waiting for
the next bus
pick-up truck

this poem
is pageless
but warm flesh

wrinkles
on skin mark
its poetic lines

night kisses
morning kisses
its best rhymes

this poem
has the cadence
of embraces

loving breasts
arms and thighs
for sleepless nights

this poem
is as quiet as
the desert night

sky stars are
the punctuation
marks of its verses

tree branches
recite this poem
by heart

this poem
has the same
dreams as you

the same
nightmares
goals and fears

trembling
before the news
of its own demise

this poem
is everything
but faceless

is a bright teenager
trapped in the dark
soulless, dreamless

this poem
cries from the back
of the bus

leaving the inner
urban old barrio
for the suburbs

children's tears
wipe out the lines
of this poem

this poem
is a mother
a father

a neighbor
a human being
bone and flesh

walking around
buying groceries
disposable diapers

this poem
is beyond any
poetry anthology

"we have a heart
a soul, a *familia*
just like you"

16

faithfully singing   no man's land   this poem
the song of this Land   that a Dream Act   is the unwritten
of Opportunity   could just vanish poem of this Land

POEMA VIDA

ni un solo
punto en todos
mis poemas—

mi vida
es de veras
el único poema

que he estado
escribiendo todos
estos años

—una sola
larga oración
sin puntos—

el día
que muera
marcará

el único
punto
final

de todo
mi poema
vida

LIFE POEM

not a single
period in all
of my poems—

my life
is really
the one poem

I've been
writing all
these years

—one single
long sentence
with no periods—

the day
I pass away
will mark

the last
and only
period

of all
my life
poem

SOMOS UNO

mar
polvo
lágrima
pollen

WE ARE ONE

sea
dust
tear
pollen

II. Nuevo Sol • New Sun

ARS POETICA

to Rodrigo Reyes

que otros	let others
escriban	write up
los grandes	the great
poemas	poems
ésos hallados	those found
en antologías	in anthologies
y de memoria	and recited
recitados	from memory
que la vida	let life
nos muerda	bite onto
al oído	our ears
versos	verses
orgasmos	orgasms
tatuados	tattooed
en la carne	on flesh
los huesos	and bones

MEXICO CITY BLUES

in memoriam of Alfred Arteaga (1950-2008)

me pongo a invocar
las cuatro direcciones
del universo

I start calling forth
the four directions
of the universe

sintiéndome muy solo
junto a una multitud
reunida en el Zócalo

feeling so alone
next to a large crowd
around El Zócalo

en frente del
Templo Mayor
donde yace

in front of
El Templo Mayor
the resting place of

Tlatecuhtli!
  Tlatecuhtli!
    Tlatecuhtli!

Tlatecuhtli!
  Tlatecuhtli!
    Tlatecuhtli!

la gran divinidad
diosa/dios
de la Tierra

the great deity
goddess/god
of the Earth

el dulce humo
de mi ofrenda de copal
me hacer llorar

the sweet smoke
of my copal offering
makes me weep

ahora soy otro hereje
—como tú— condenado
a arder en una hoguera

I'm now another heretic
—like you— being burned
tied to a stake

tras desfilar montado	after being paraded
al revés en un asno	backwards on a donkey
por la gran plaza	around the big plaza
pero igual que tú	but just like you
nunca recanté, hermano	I never recanted, *hermano*
nunca confesé	I never confessed
sólo soy uno de muchos	I'm just one of many
que anuncian la venida	announcing the coming
del Nuevo Sol	of the New Sun

México-Tenochtitlan
July 4, 2008

TODO   WHOLE

todo   whole
nunca   is never
es todo   whole

hay   there is
siempre   always
un hondo a deep

hoyo   hole
dentro   within
de todo   whole

LAS PALABRAS

las palabras
de todos
los rincones

y de todas
las eras
del mundo

no pueden
ser sólo
palabras

son más
que todos
los libros

más que todas
las inscripciones
en piedra

más que todas
las imágenes
digitales

las palabras
son más que
sólo palabras

son la risa
juguetona
de niños

escuchando
sabias historias
de abuelos

son el alma
el respiro
de generaciones

son el canto
la melodía
de amantes

son el quejido fatal de rencor
ensagrentando de amor
de batallas de sueños

las palabras
de todos
los rincones

y de todas
las eras
del mundo

hablan
una misma
lengua

WORDS

the words
from all
the corners

more than all
the inscriptions
in stone

listening to
the wise stories
of grandparents

the words
from all
the corners

and from
all the eras
of the world

more than all
the digital
images

they are the soul
the breath
of generations

and from all
the eras
of the world

can't just
be only
words

words
are more
than just words

they are the song
the melody
of lovers

speak
the same
tongue

they are
more than
all the books

they are
the playful
laughter of kids

they are the fatal
bloodied sigh
of battefields

of rancor
of love
of dreams

EIRETLÁN*

al llegar	at theacht	upon arriving
besé	i dhír dom	I kissed
las cinco	phógas	the five
heridas	cúig ghoin	wounds
de Irlanda	Eireann	of Ireland
la hierba	chrom an	the grass
comenzó	fear	began
a reírse	ar gháire	to laugh
verde	soil bhir	green
de gusto	glass	out of joy
el viento	gan smaoineamh	the wind
al mismo	rug	at the same
tiempo	an ghaoth	time
me tomó	ar	took me
de la mano	lámh liom	by the hand
mis pies	mo dhá chos	my feet
como dos	mar dhá	like two
serpientes	nathair	serpents
bendijeron	bheannaíodar	blessed
la tierra	an chríoch	the Earth

Éiretlán is a combination of Éire, the old name of Ireland, and Aztlán, the homeland of the Aztecs. This poem was written upon arriving at the Dublin airport on March 14, 1992. It was originally written in Spanish and later translated into Gaelic by Irish poet Gabriel Rosenstock, and then into English by the author.

POLVO ESTELAR	STAR DUST
a pesar	in spite
de tantas	of all our
diferencias	differences
todos estamos	we all are made
hechos del mismo	of the same
polvo estelar	star dust
en el cosmos	in the cosmos
nos hallamos	we alone have
solos juntos	each other

DIOS CELTA

en tus verdes
ojos divisé
a lo lejos

la preciosa isla
esmeralda
de tu Irlanda

como un dios
tú sobrevolabas
los llanos

haciendo brotar
murmullos frescos
de pastos

entre piedras
muy inertes
del pasado

yo corría veloz
para abrazarte
como el amanecer

para besarte
en la frente
en el pecho

en tu boca—
como roca
caerme

con la gravedad
y gran gozo
en un hondo pozo

pero tus manos
me rescataban
a la luz otra vez

salvando
este momento
para uno y otro

para el presente
para el futuro
para siempre

CELTIC GOD

in the greenness
of your eyes
I saw from afar

the precious
emerald island
of your Ireland

like a god
you flew over
the plains

growing
fresh murmurs
of grasses

amidst stones
so inert
from the past

I ran swiftly
to embrace you
like the dawn

to kiss you
on your forehead
on your chest

on your mouth—
like a rock
falling down

with gravity
and great joy
into a deep well

but your hands
rescued me
to light again

saving
this moment
for each other

for the present
for the future
forever

LAS DIOSAS DE LA TIERRA

las diosas
de la Tierra
me besan

los pies
dondequiera
que camino

las escucho
en los murmullos
de los ríos

el diario vaivén
de las ramas
de árboles

las reconozco
en las caras
de las señoras

limpiando
cuartos de hotel
u oficinas

las diosas
de la Tierra
me acompañan

dondequiera
que vaya
siempre

no me dejan
nunca solo
ni me abandonan

su amor maternal
es incondicional
sin fronteras

las diosas
de la Tierra
son mis guías

mis guardianes
la gran fortaleza
de mis días

THE GODDESSES OF THE EARTH

the goddesses
of the Earth
kiss

the goddesses
of the Earth
accompany me

my feet
wherever
I walk

wherever
I happen to go
always

I hear them
in the murmurs
of rivers

they never
leave me alone
nor abandon me

in the daily
rubbings
of tree branches

their maternal love
is unconditional
without frontiers

I recognize them
on the faces
of the ladies

the goddesses
of the Earth
are my guides

cleaning
hotel rooms
or offices

my guardians
the great resilience
of my days

SOLSTICIO INVERNAL

hoy en este solsticio invernal
la noche más larga de todo el año
y el día más corto con menos sol
por más que quiero no puedo dormir

me levanto a oscuras de mi cama
y a tientas me dirijo a la puerta
quieto cierro los ojos de mi cuerpo
y abro los ojos de mi alma al mundo

y de pronto sin más puedo observar
a todos los miembros de mi familia
haciendo lo que siempre querían hacer

a mis amigos los puedo ver volar
como unicornios alados haciendo
realidad sus sueños en el Nuevo Sol

22 de diciembre de 2009

WINTER SOLSTICE

today in this Winter solstice
the longest night of the whole year
and the shortest day with least sunlight
no matter how much I try I can't sleep

I get up from my bed in the dark
and blindly I walk off to the door
quietly I close up my body's eyes
and open my soul's eyes to the world

suddenly I am able to see around
all the members of my family
doing what they always wanted to do

and I can also see my friends flying
like winged unicorns fulfilling
their deepest dreams in the New Sun

December 22, 2009

RADIO POEMS

tras leer el poema de Nina Serrano, "Dear Listeners"
dedicado a La Raza Chronicles / KPFA, Berkeley

abramos los oídos y corazones
a ondas radiales humanas salidas
de aquéllos que no tienen a nadie más
en devastadas selvas y ciudades

escuchemos las voces de los niños
que lloran y protestan porque ahora
se han quedado solos en esta nación,
porque la Migra deportó a sus padres

que nuestros poemas hablen español,
inglés, espanglish, árabe, maya, hmong,
para así sintonizar los tonos del mundo

que éstos sean oraciones a la Tierra,
y rompan barreras, con pies plantados,
y a la vez, etéreos como radio poemas

24 de diciembre de 2009

RADIO POEMS

after reading Nina Serrano's poem, "Dear Listeners"
dedicated to La Raza Chronicles / KPFA, Berkeley

let's open our ears and hearts
to the human waves from those
who have no one else to turn to
in devastated jungles and cities

let's listen to the voices of children
crying aloud and protesting because
now they are all alone in this nation;
because la Migra deported their parents

let our poems speak Spanish, English,
Spanglish, Arabic, Maya, Hmong,
so they can tune in the world's tunes

let our poems be Earth prayers
tearing down barriers, feet grounded,
and yet, ethereal, like radio poems

December 24, 2009

TRONCO, RÍO, CIELO

Tras ver una foto de un tronco de árbol caído
sobre el Río Americano, Sacramento, California

a todos los poetas y activistas defensores de la vida

como
este árbol
humano desnudo

despojado
de todo
verdor

como
este postrado
luchador

sobre la arena
con su congelado
hondo dolor

como
este Cristo
en su cruz

con brazos
bien abiertos
suplicando

¡por la vida!

como
este frágil
hueso esternón

de la última
ave cantora
del alrededor

como
este puente roto
este trampolin

este bautismo
inaudito del
Río Jordán

como
este espejo azul
hecho de lágrimas

derramadas por nubes
en fuego ácido
en clamor

¡por la vida!

como
estas oscuras
piedras endurecidas

por la ignominia
la ignorancia
el terror

como
este ciego Mundo
que ya ve

la otra orilla
con los ojos
de niño soñador

como
la sempre resistente
fuerza curandera

del agua
emendando males
con su poder

¡por la vida!

Poema escrito al final de 2009 mientras tomaba lugar la COP
15 Copenhagen – la Conferencia de la ONU sobre el Cambio
Climático

TRUNK, RIVER, SKY

After a photo of a tree trunk fallen
in the American River, Sacramento., California

to all the poets and activists–defenders of life

like
this naked
human tree

robbed
of all its
greenness

like
this wrestler
fallen down

on the sands
with his frozen
deep pain

like
this Christ
on his cross

with his arms
wide open
pleading

for all life !

like
this cracking
wish bone

of the last
chirping bird
all around

like
this broken bridge
this diving board

this unheard of
Jordan river
baptism

like
this blue mirror
made of tears

shed by clouds
in acid fire
clamoring

for all life!

like
these dark stones
hardened

by ignominy
ignorance
terror

like
this blind World
already seeing

the other side
with the dreaming
eyes of a child

like
the ever resilient
healing force

of water
mending ills
with its power

for all life!

Poem written at the end of 2009 while the COP 15 Copenhagen
UN Climate Change Conference was taking place

ÁGUILA Y SOL

para don Luis Leal (1907-2010)

como saguaro
gigante con brazos
apuntado al cielo

dando sombra
y acobijo a la flora
y fauna del desierto

como águila
azteca atisbando
desde las alturas

con ojo sagaz
los floricantos
por todo Aztlán

como Promoteo
que robó el fuego
de la sapiencia

académica para
compartiria libre
con los de abajo

como caudaloso
río que rompió
barreras nacionales

y nuevos cauces
a la consciencia
universal marcó

como puente vivo
extendido entre
dos centurias

puerta siempre
abierta al saber
dos centurias

como corrido
norteño nacido en
Linares, Nuevo Léon

que aun después
de más de cien años
nunca tendrá fin

como jarra
de agua fresca
de jamaica o limón

tu risa y cuentos
tus comentarios
en solidaridad

como libro
de cabacera
tu vida ejemplar

eres intelectual
maestro modelo
de generaciones

como Ulises
chicano vencedor
de la ignorancia

y el atropello—
explorador de islas
de la imaginación

como profeta
anunciado
um nuevo Sol

la Tierra Prometida
para tu pueblo
en esta nación

como águla y sol
torre, ancla, vigía
brújula de alta mar—

llorando tu muerte
celbramos tu vida
de luz y plenitud

y tu nombre
ahora invocamos
a los cuatro vientos:

Este, Norte, Oeste, Sur
por tu alegría, sabiduría
ejemplaridad y fecundidad

26 de enero de 2010

EAGLE AND SUN

to Don Luis Leal (1907-2010)

like a giant saguaro
with its big arms
pointing to the sky

giving shade and
shelter to the desert
flor and fauna

like an Aztec
eagle glimpsing
from the heights

with wise eyes
the flower songs
from all over Aztlán

like Prometheus
who stole the fire
of academic wisdom

in order to share it
free of constraints
with working people

like a romping river
that broke down
national barriers

an opened new
ways to universal
consciousness

like a living bridge
extended over
two centuries

a door always
open to knowledge
and understanding

like a northern
ballad born in
Linares, Nuevo Leon

that even after more
than a hundred years
will never cease

like a pitcher of
refreshing hibiscus
water or lemonade

your laughter
stories and comments
in solidarity

like a book
on the night stand
your exemplary life

you are an intellectual
master teacher of
many generations

like a Chicano
Ulysses vanquisher
of ignorance

and bigotry—
exploere of islands
of the imagination

like a prophet
announcing
a New Sun

the Promised Land
for your people
in this nation

like Eagle and Sun
tower, anchor, lighthouse
compass out in deep seas—

mourning your death
we celebrate your life
of light and plenty

and we invoke
now your name
to the four winds

East, North, West, South
for your joyfulness, wisdom
exemplarity and fecundity

January 26, 2010

IN ANAHUAC IN CUICATL

¿ac nech cuiliz?
¿ac nehuan onyaz?
ni cuicanitl
iyehelel noxochiuh
moncuicahuitequi
on teixpan, ayyo

huey in tetl nictequi
tomahuac cuahuitl nic icuilohua
yancuicatl itech, aya...

nichoca ya niquittoa, aya
nicnotza noyollo

ma niquitta in cuicanelhuayotl, aya
ma nic ya tlalaqui, aya,
ma ica tlaticpac
quenma mochihua

on nemiz noyol
zan caye nican
yahualla yancoya nolnamicoca
nemiz ye noteyo, ayyo

zan ca teucxochitl
ahuica ipotocaticac
mocepamos ya in
toxochiuh,

CANTO ANÁHUAC

¿quién me tomará?
¿quién me acompañará?
yo soy un poets cantor
desde el fondo del pecho
mis flores y mis cantos
desgrano ante los hombres

una gran piedra tajo,
un grueso madero pinto,
en ellos pongo un canto…

lloro cuando digo
y hablo con mi corazón

oh, si viera yo la fuente
de donde el canto brota,
la podría transplantar
a la Tierra y se criaría

ahí viviría mi corazón,
allí vendría mi recuerdo
de la región de la niebla
y mi nombre viviría

la flor de los príncipes
exhala un aroma fragante,
guirnalda de los cantos
que dejo en la Tierra

ayye ayao huiya
on caqui ya itzmolini
ye nocuic
celia notlatalloqui,
ohuaya…

se están uniendo en una
nuestras flores,
ya se oye, ya germina mi canto:
está retoñado mi transplante
de palabras…

Nezahualcoyotl (1402-1472), el poeta-rey de Texcoco —un reino aliado de los aztecas— era abuelo materno de Moctezuma II, rey azteca cuando los españoles primero llegaron a México en 1519.

ANAHUAC SONG

who will take me?
who will be with me?
I am a singing poet,
from my deep chest
I scatter my flowers
my songs in front of men

I cut off a great stone,
I paint a thick timber,
on them I place a song...

I weep when I mention
and speak with my heart

oh, if I could see the source
from where the song springs,
I could transplant it on
the Earth and it would grow

there my heart will live on,
my memory will come
from the region of the mist,
and my name will live on

the flower of the princes
exhales a fragrant scent,
a garland of songs
I leave on the Earth

our flowers are joining
together as one,
my song is already heard,
is germinating, my transplant
of words is sprouting...

*Nezahualcoyotl (1402-1472), the king-poet of Texcoco —a
kingdom allied with the Aztecs— was a maternal grandfather of
Moctezuma II, the Aztec king when the Spaniard first arrived in
Mexico in 1519.*

CÍRCULO VITAL

un círculo
completamos

para otro
nuevo iniciar

LIFE CIRCLE

a circle
we complete

to start
a new one

SOL FLOR	FLOWER SUN
sabremos	we will know
que el Nuevo Sol	the New Sun
ha llegado	has arrived
cuando comience	when it starts
a llover al revés	raining backwards
y el mar	and the sea
y el cielo	and the sky
se conviertan	become one
un azul continuo	blue continuum
sabremos	we will know
que la era	the era of
del Nuevo Sol	the New Sun
profetizado por	prophesized
nuestros ancestros	by our ancestors
ha comenzado	has began
cuando la mayor	when the World's
preocupación	biggest concern
del Mundo	becomes
sea el color	the colors
y el olor	and the scents
de las flores	of flowers
que brotan	sprouting
de la nada	from nowhere
dondequiera	everywhere

Francisco X. Alarcón (born in Los Angeles, in 1954, and raised in Guadalajara, Mexico) is the author of twelve volumes of poetry, including, *From the Other Side of Night / Del otro lado de la noche: New and Selected Poems* (The University of Arizona Press 2002), *Sonnets to Madness and Other Misfortunes* (Creative Arts Book Company 2001), *Snake Poems: An Aztec Invocation* (Chronicle Books 1992), and *Of Dark Love* (Moving Parts Press 1991, and 2001). His most recent book of bilingual poetry for children, *Animal Poems of the Iguazú* (Children's Book Press 2008), was selected as a Notable Book for a Global Society by the International Reading Association. His previous bilingual book titled *Poems to Dream Together* (Lee & Low Books 2005) was awarded the 2006 Jane Addams Honor Book Award. Children's Book Press of San Francisco published his acclaimed "Magic Cycle of the Seasons" that includes four titles: *Laughing Tomatoes and Other Spring Poems* (1997), *From the Bellybutton of the Moon and Other Summer Poems* (1998), *Angels Ride Bikes and Other Fall Poems* (1999), and *Iguanas in the Snow and Other Winter Poems* (2001). He has been a recipient of the Danforth and Fulbright fellowships, and has been awarded several literary prizes, including the 1993 Carlos Pellicer-Robert Frost Poetry Honor Award, the 1993 American Book Award, the 1993 PEN-Oakland Josephine Miles Award, and the 1984 Chicano Literary Prize. In April 2002 he received the Fred Cody Lifetime Achievement Award from the Bay Area Book Reviewers Association (BABRA) in San Francisco. He has been a finalist nominated for Poet Laureate of California in two occasions. He teaches at the University of California, Davis. He is the creator of the Facebook page "Poets Responding to SB 1070."

ISBN   978-1-930454-26-2